E L'ORIGINE, DU ROLE

DES

BANQUES POPULAIRES

ET DE LEUR UTILITÉ

NOTAMMENT AU PROFIT DU PETIT COMMERCE

CONFÉRENCE

donnée à Lille à l'occasion du IXe Congrès
du Crédit populaire et agricole, le 6 avril 1897

PAR

M. CHARLES RAYNERI

Directeur de la Banque populaire de Menton
Vice-président du Centre Fédératif du Crédit populaire en France
Président du Groupe départemental
des Sociétés de crédit populaire des Alpes-Maritimes
Directeur du Bulletin du Crédit populaire, etc.

PARIS

GUILLAUMIN & Co

ÉDITEURS DU JOURNAL DES ÉCONOMISTES

14, rue Richelieu, 14

1897

LE CRÉDIT AGRICOLE
PAR L'ASSOCIATION COOPÉRATIVE

MANUEL

A l'usage des Promoteurs et Administrateurs d'Associations de Crédit Agricole

PAR

M. Charles RAYNERI

DEUXIÈME ÉDITION REVUE ET COMPLÉTÉE

Vendu au profit du Centre Fédératif du Crédit populaire en France

L'ouvrage est divisé en cinq parties.

Dans la première, l'auteur traite le sujet si ancien et toujours si actuel du crédit agricole ; il décrit les associations coopératives de crédit rural de l'Allemagne et de l'Italie, analyse leurs principes, étudie leur organisation, signale leurs résultats. Cette partie se termine par les indications nécessaires sur la fondation des caisses agricoles et les formalités à remplir, par les statuts d'une caisse agricole à solidarité et par un modèle de règlement général d'administration.

La deuxième partie traite des caisses agricoles à solidarité avec parts de capital. Elle en contient les statuts.

La troisième partie est consacrée à l'étude des sociétés de crédit agricole qui peuvent être créées d'après la loi du 5 novembre 1894 (loi Méline). L'auteur fait ressortir l'utilité de coordonner l'action des syndicats agricoles avec celle des caisses agricoles, et démontre que cette loi peut être utilisée. Il donne les modèles de statuts de trois types des sociétés qu'on peut former en usant de la loi de 1894:

a) caisse agricole avec parts de capital à responsabilité limitée ;

b) caisse agricole avec parts de capital à solidarité;

c) caisse agricole à solidarité sans capital versé.

Il indique les formalités à remplir pour la constitution de ces sociétés et donne les modèles nécessaires.

Dans la quatrième partie, la comptabilité des caisses agricoles est traitée en détail et avec des exemples pratiques. L'auteur ne se borne pas à donner la description des registres usités ; il simule une série d'opérations qui se trouvent coordonnées dans les différents livres et forment un ensemble d'écritures aboutissant au bilan et à l'inventaire.

L'ouvrage s'achève par des modèles d'imprimés, de livrets d'épargne, et par une table aussi simple que pratique pour faciliter le calcul des intérêts.

Le tout forme un élégant volume in 4° de 143 pages

PRIX : 1, 50

A PARIS chez MM. Guillaumin & Co Éditeurs, 14, rue Richelieu
A MENTON à la Banque Populaire de Menton.

DE L'ORIGINE, DU ROLE

DES

BANQUES POPULAIRES

ET DE LEUR UTILITÉ

NOTAMMENT AU PROFIT DU PETIT COMMERCE

DE L'ORIGINE, DU ROLE

DES

BANQUES POPULAIRES

ET DE LEUR UTILITÉ

NOTAMMENT AU PROFIT DU PETIT COMMERCE

CONFÉRENCE

donnée à Lille à l'occasion du IXe Congrès
du Crédit populaire et agricole, le 6 avril 1897

PAR

M. Charles RAYNERI

Directeur de la Banque populaire de Menton
Vice-président du Centre Fédératif du Crédit populaire en France
Président du Groupe départemental
des Sociétés de crédit populaire des Alpes-Maritimes
Directeur du Bulletin du Crédit populaire, etc.

PARIS
GUILLAUMIN · & Co
ÉDITEURS DU JOURNAL DES ÉCONOMISTES
14, rue Richelieu, 14

1897

breux que l'on pourrait bien dire qu'en elle palpite le cœur de la démocratie laborieuse de France.

C'est à ces fils du travail, qu'anime le désir légitime d'un meilleur sort, que vont en ce moment mes paroles, écho des préoccupations qu'éprouve tout homme de bien lorsqu'il songe à certaines inégalités de la destinée. Car il y a mieux à faire que de s'apitoyer sur les souffrances du plus grand nombre ; un idéal plus haut nous anime, c'est l'action pour l'amélioration du sort du peuple qui travaille et peine, son élévation morale et matérielle par son énergie, par son libre effort dans les œuvres libres de la coopération

Je sais bien que ce langage a le don de rencontrer des incrédules, des sceptiques. Toutes les idées neuves, toutes les aspirations sortant du domaine ordinaire de la pensée en sont là. L'histoire du mouvement coopératif ne nous apprend-elle pas que l'ouverture du magasin de l'association des Équitables Pionniers de Rochdale, devenu aujourd'hui la première coopérative de consommation du monde, fut saluée par les sarcasmes et par les huées de la foule ?

Toute idée généreuse a ses détracteurs, ses adversaires. Rêve, utopie, s'écrie-t-on lorsqu'on entend parler de crédit populaire. D'autres ont mieux trouvé que cela : ils prétendent que le crédit populaire est sans contredit un mot attrayant, mais vide de sens. Ils affirment et répètent à tout venant que ce mode de crédit n'est pas praticable en France, qu'il est même inutile.

De telles appréciations, de telles affirmations laissent indifférents ceux qui depuis de longues années se sont faits les propagateurs, les défenseurs et les ouvriers de l'idée. Elles ne sont cependant pas inutiles, car ce scepticisme nous ferait, si cela était possible, doublement chérir notre idéal et renforcerait encore notre croyance. Je lui dois en tous cas une satisfaction bien vive, celle de m'entretenir avec un auditoire si sympathique et si compétent de l'origine, du rôle des banques populaires, de leur utilité surtout pour le petit commerce, de pouvoir démontrer l'inexactitude de ces allégations, et qui sait, peut-être, de voir lever plus tard sur ce sol Lillois si propice aux œuvres de progrès social la semence que vous nous permettez d'y répandre.

II.

Coup d'œil rétrospectif

sur la question du crédit populaire

en France.

La France, qui se trouve encore parmi les nations les moins avancées en cette matière, est cependant une de celles qui conçurent les premières la pensée de procurer le crédit aux travailleurs, d'organiser le crédit populaire.

Le mouvement initial remonte à 1830, à Buchez : il se manifeste dès les débuts par la forme la plus intéressante de la coopération, mais la plus délicate, la plus difficile, l'association ouvrière de production. L'associa-

tion coopérative de crédit fait son apparition
seulement en 1857, sept ans après que
Schulze-Delitzsch en avait fait la première
application dans sa ville natale, au moment
où les banques populaires commençaient à
se répandre en Allemagne et préparaient
leur première fédération.

« Quelques ouvriers parisiens, écrit M.
Hubert-Valleroux, ont l'idée de s'associer
pour mettre en commun leurs économies
dans le but de se procurer mutuellement le
crédit. On agissait en secret comme des
conspirateurs. Les réunions, constate l'un
des fondateurs, ouvrier tourneur en cuivre,
étaient difficiles et dangereuses. On ne pouvait choisir ni son endroit, ni son jour. Mais
l'utilité, le besoin de montrer ce que peut l'i-
nitiative particulière, les services que nous
voyons le crédit mutuel susceptible de rendre nous firent risquer notre tranquillité. On
se réunit donc, mais où ? Dans les vignes de
Montreuil, au bois de Vincennes, dans les
clairières, et là, assis en rond, les femmes
et les enfants autour en vedettes, on
discutait le règlement, on votait les arti-
cles, on nommait les fonctionnaires, puis

on enterrait les bulletins. Joyeux de la besogne faite, chaque réunion dans les champs et dans les bois se terminait par un banquet modeste, mais qui nous procurait les jouissances qu'on ne goûte qu'aux moments d'enthousiasme. »

Ainsi fut créé en France le crédit mutuel, sous le nom de Banque de solidarité commerciale, par neuf adhérents qui se sont cotisés la première fois le 2 juin 1857. C'est le principe exact de la mutualité dans le crédit qui se manifeste et l'on donne à cette association la désignation de Société mère de crédit mutuel.

Lorsqu'on relit aujourd'hui ces lignes, l'on est frappé de ces généreux enthousiasmes, des sentiments de solidarité fraternelle des ouvriers de la première heure, et l'on se demande comment et pourquoi ces élans ont été arrêtés. Cette société prospère, d'autres associations se fondent; mais une déviation au principe fondamental se produit, ce n'est plus le crédit populaire que l'on tend à développer, on veut préparer la formation de sociétés ouvrières de production.

On prétend atteindre d'un bond le sommet, l'apogée de la coopération qui réside dans sa forme la plus délicate. la production, et supprimer les étapes naturelles et inévitables que doit naturellement franchir toute innovation sociale.

Ainsi que le disait le gérant d'une de ces associations, les ouvriers ont mal compris leur affaire. Ils ont cru que le travail était tout, et ils ont complètement oublié le capital.

En 1863, on reconnaît à nouveau l'utilité de suivre le mouvement initié par l'Allemagne et qui commence à faire sentir son influence dans les principaux pays de l'Europe.

Beluze, fondateur de la Banque de crédit au Travail, constate que l'association seule est en mesure de réaliser ce que les particuliers isolés ni l'État ne peuvent obtenir. Il ajoute que de même que l'on a créé le crédit foncier. le crédit mobilier, il faut organiser le crédit au travail. Il ne s'agissait donc pas de suivre les idées de Schulze, d'associer les travailleurs, les petits commerçants, industriels, agricul-

teurs, les personnes exerçant des professions libérales pour les exciter à l'épargne
et les mettre à même de s'aider mutuellement, mais bien de favoriser les associations ouvrières de travail et de production.
C'était une tendance de l'époque qui n'était
pas particulière à la France, mais qui
l'aurait emporté même en Italie, si un
homme de génie et de cœur, Luigi Luzzatti,
n'avait su l'arrêter à temps, en démon-
trant que c'était par l'association locale,
ouverte à toutes les classes sociales, qu'il
fallait commencer, et si, passant de la
théorie à l'action, il n'avait donné lui-même
l'exemple en fondant en 1863 avec 700 l.
de capital la Banque populaire de Milan,
qui est aujourd'hui la plus puissante
banque populaire non seulement de l'Italie,
mais de l'Europe, possédant un capital de
8.500.000 l. souscrit par 17.860 sociétaires,
4.300.000 l. de réserves 53 millions l. de
dépôts, tandis que l'œuvre de Beluze
ayant débuté avec des ressources beaucoup
plus considérables, mais s'étant engagée
dans une fausse voie, devait fatalement
sombrer quelques années après.

En 1865, une société du même genre avait été fondée sous le titre de Caisse d'escompte des associations populaires; elle périt presque en même temps et pour les mêmes causes.

En 1866, le Gouvernement songe à réaliser le crédit populaire; on constitue une nouvelle caisse, l'Empereur fournit la moitié du capital, fr. 500.000, mais à la suite des échecs antérieurs, l'administration fut si réservée que la caisse ne fit pas d'opérations et disparut avec la tourmente de 1870.

En 1880, M. Donon fonde à Paris la Caisse centrale de l'épargne et du travail avec un capital de 50 millions. N'oublions pas que Luzzatti avait fondé la puissante Banque populaire de Milan avec 700 lires. On veut faire vite et grand, erreur nouvelle, et par surcroît on fait de la politique. Or la politique, on le sait, est l'ennemie des institutions de prévoyance.

Les résultats ne tardèrent pas à le démontrer. Tandis que les banques Schulze et Luzzatti voyaient d'année en année le nombre de leur membres, leur capital et leurs opérations s'accroître, la Caisse centrale (le qualificatif est à retenir, car il est encore en faveur dans certains milieux parlementaires) dépérissait, elle en était réduite à diminuer d'année en année son capital et à s'éclipser.

Messieurs, ce coup d'œil rétrospectif dans l'histoire de la première période du crédit populaire en France n'était pas inutile, s'agissant d'étudier l'utilité des banques populaires, d'en exposer les principes et de rechercher les causes de notre infériorité en pareille matière sur d'autres peuples.

Nous y trouvons la démonstration que si la coopération de crédit a eu en France une marche si pénible, cela n'est pas dû, comme certains le prétendent, à ce qu'elle n'y soit pas aussi utile qu'ailleurs — elle est plus utile, dirons-nous, et nous le démontrerons — mais parce que les premières applications ont été mal orientées, parce que la coopération de crédit y est née avec des vices originels qui devaient en paralyser les progrès. parce qu'enfin les échecs subis dans les débuts ont nui à son prestige et ont dénaturé l'exacte appréciation de son rôle.

III.

Les fondements
de l'œuvre de Schulze-Delitzsch

Schulze-Delitzsch, au contraire, élève son édifice sur une idée généreuse, la solidarité, qui doit faire de ses institutions de véritables familles. Il ne demande à l'État qu'une bonne législation, à laquelle il a la satisfaction de collaborer lui-même. et qui est actuellement en vigueur. D'après lui, et avec raison, une association n'est prospère que lorsqu'elle puise en elle-même les forces qui lui sont nécessaires pour vivre. Il s'adresse à tous les travailleurs, sans distinction ; il veut les familiariser avec les ressources morales

et intellectuelles qu'ils possèdent et forti-
fier leur confiance en eux-mêmes.

Il fait appel à de petits commerçants, à de
petits industriels, à des agriculteurs, à des
artisans, à des ouvriers, à des employés, il
embrasse dans sa pensée toutes les activités démocratiques, et veut les faire frater-
niser dans la prévoyance et dans le crédit.

Schulze a compris la situation précaire
de l'homme ne possédant que son intelli-
gence et ses bras en tant qu'isolé. Tout
intelligent, honnête et actif qu'il soit, il
n'inspire pas de crédit. Il a compris toute la
portée du "Vœ soli," et s'est dit qu'il fallait
associer ces éléments d'activité, de richesse,
et fixer par la cooopération leur crédit.

C'est alors que nous l'entendons répéter
aux ouvriers et aux artisans de Berlin ces
préceptes d'or que notre Président citait
dans sa conférence de Bordeaux (1), et que
l'on ne saurait assez rappeler :

« Là où tu ne peux réussir seul, unis-
toi à d'autres qui ont le même but. Plu-

______

(1) Actes du VIe Congrès du Crédit populaire, Bordeaux 1894, p. 339, Paris, Guillaumin et Co, 14, rue
Richelieu.

sieurs petites forces en forment une grande. »

« Le travail et l'épargne peuvent seuls conduire à la formation d'un capital. »

« Sans l'intérêt, grâce auquel les capitaux grands ou petits se multiplient d'eux-mêmes, comment le capital pourrait-il satisfaire même imparfaitement aux exigences de la vie la plus modeste ? Cet intérêt, objet de tant de récriminations insensées, est précisément une source inépuisable de bienfaits. »

« Responsabilité et liberté. ce sont deux colonnes qui soutiennent l'édifice de toute société. »

« N'attendez rien que de vous-mêmes. Perfectionnez votre instruction, économisez, mettez vos épargnes en commun, faites-vous crédit les uns aux autres au moyen de banques coopératives. Quand par la mise en commun de vos frêles épargnes vous aurez réussi à réunir une somme considérable, vous pourrez fonder des ateliers coopératifs, des sociétés de production qui vous permettront d'être à la fois ouvriers et patrons. »

Voilà de nobles paroles, de justes principes, qui permettent à Schulze de réunir dans ses banques populaires toutes les classes sociales, même des capitalistes qui n'auraient jamais ouvert leur caisse à des travailleurs isolés et n'hésitent pas à confier des fonds à ces institutions. Il prépare par ce moyen un rapprochement fraternel du capital et du travail.

Il règlemente l'admission des membres et ne tient à avoir que des éléments honnêtes et actifs. Il comprend quel puissant levier constituent ces deux qualités réunies, et quels résultats elles produiront en en multipliant l'efficacité par l'association. Il fait de ses banques populaires non des sociétés de capitaux où l'homme est primé par le capital, mais des sociétés de personnes, des sociétés d'honnêtes gens où la moralité et les aptitudes professionnelles sont, au moins, les égales du capital.

La pratique de l'épargne précèdera celle du crédit. Il exigera la preuve que l'on sait épargner avant d'avoir droit au crédit, principe salutaire.

Les associés se constitueront une part sociale individuelle payable par petits versements.

Les bénéfices seront répartis au prorata des parts. Le capital et le personnel seront variables. On admettra de nouveaux membres, d'anciens membres pourront en sortir.

Les banques repousseront toute apparence d'établissements de bienfaisance. Leur mission ne consiste pas à distribuer des secours à des indigents, mais ce qui importe davantage, à protéger contre l'indigence. Ce ne sont pas des hospices d'incurables, mais des établissements d'hygiène économique. Tant qu'un homme est capable de subvenir à ses besoins par son travail, même avec peine, qu'on l'accueille sans hésitation ; mais dès qu'un individu est dénué de cette dernière ressource, qu'on le repousse sans scrupule. Il retombe alors à la charge des établissements de charité, dont la mission commence là où finit celle des institutions de prévoyance et des banques populaires.

A côté des fonctions de crédit au profit de leurs membres, les banques populaires exerceront celles de caisses d'épargne, en recueillant les dépôts et en les mettant à la portée des activités locales.

Les travailleurs, qui autrefois auraient dû frapper à maintes portes et subir des humiliations et des conditions souvent onéreuses pour obtenir la moindre avance, acquièrent par les banques populaires l'indépendance dans le crédit. Leurs aptitudes professionnelles et leurs qualités morales en constituent les principaux éléments d'appréciation.

C'est une transformation complète dans la pratique de la banque que Schulze dans son amour pour le peuple a préparée et brillamment accomplie, et la petite Banque de Delitzsch de 1850 devait donner au monde le signal de cette grande réforme populaire.

IV.

L'idée pénètre chez d'autres nations
Caractères des banques populaires

Au fur et à mesure que ces institutions se répandaient en Allemagne, elles pénétraient dans les autres États de l'Europe et poussaient des racines profondes en Belgique, en Italie, en Autriche-Hongrie, en Suisse, multipliant leurs bienfaits au profit des classes laborieuses.

Nous avons vu que la France avait été la première à comprendre l'utilité du crédit populaire; mais les premiers essais avaient été mal orientés, l'insuccès s'en était suivi, et avec lui le discrédit.

Cependant une orientation exacte des principes régissant la coopération de crédit devait finir par se faire jour. Des hommes dévoués aux améliorations populaires entreprirent cette nouvelle campagne, quelques tentatives éparses eurent lieu;

certaines avec succès. A partir de 1889 des congrès annuels furent organisés qui ont créé un mouvement d'opinion, vulgarisé les expériences, les résultats de l'étranger et frayé la voie aux applications saines.

En ce qui concerne les banques populaires urbaines, c'est le type des banques Luzzatti qui a paru convenir le mieux à nos habitudes, à nos tendances.

Les principes généraux en sont les mêmes que ceux préconisés par Schulze. Ce sont des associations de travailleurs, auxquels viennent successivement se joindre les classes moyennes, et souvent les classes supérieures mues par un instinctif sentiment de solidarité sociale. Les sociétaires se constituent par la souscription d'actions un petit capital dont la valeur est considérablement accrue par le faisceau de leurs qualités, de leurs aptitudes, de leurs énergies.

La clientèle est on ne peut plus variée. Nous y trouvons tous les éléments sociaux mettant en commun leurs épargnes, leurs intelligences, se rapprochant sur le terrain de la coopération, où cesse tout dissentiment, pour mettre en pratique cette grande devise de l'humanité : aimez-vous les uns les autres ; aidez-vous les uns les autres.

Comme en Allemagne, les banques populaires italiennes demeurent avant tout des associations de personnes. Tout le monde n'y est pas admis, de sorte qu'en faire partie c'est posséder un brevet d'honorabilité. Les membres qui ne feraient pas honneur à leurs engagements, ceux qui nuiraient directement ou indirectement aux intérêts sociaux peuvent en être exclus. Les actions sont d'importance très réduite, elles varient de 25 à 100 francs suivant les localités. Nul ne peut en posséder plus d'un certain nombre fixé par les statuts. L'élément capital ne doit jamais dominer. Les actions sont nominatives et ne peuvent être transférées qu'avec l'assentiment préalable du conseil d'administration. Chaque sociétaire n'a qu'une voix, n'importe le nombre des actions possédées. Le conseil se recrute parmi les sociétaires, et dans les banques bien comprises, nous y voyons l'aristocratie donner la main au peuple. Ce fait nous a touchés, surtout en Italie, où des noms illustres s'allient dans les conseils des banques populaires à ceux de petits commerçants, de travailleurs, d'ouvriers. C'est une véritable fusion de classes, un rapprochement fraternel qui émousse les haines sociales, et montre au peuple laborieux que par son libre effort et par sa prévoyance il peut, grâce à la coopération, s'élever et se frayer les voies du progrès et du mieux-être.

Le capital-espèces des banques populaires est relativement faible ; mais leur rôle est de fonctionner à la fois comme des caisses d'épargne libres. Elles se procurent donc des ressources complémentaires en recevant des dépôts et en les attirant par des combinaisons ingénieuses et variées.

Les opérations d'escompte et d'avances ne sont faites en principe qu'au profit des sociétaires; mais en cas d'exubérance de fonds elles peuvent être étendues à des tiers, en ayant surtout en vue d'en faire des adeptes.

Les prélèvements sur les opérations d'escomptes, d'avances et autres, déduction faite des intérèts alloués aux dépôts et des frais généraux, constituent les bénéfices. Au Congrès de Nîmes, afin de donner aux nouvelles institutions un caractère purement coopératif, nous avons conseillé, et le Congrès s'est rangé à notre avis, d'attribuer une part des bénéfices au fonds de réserve, une part au personnel, une part aux sociétaires, sans qu'ils puissent toucher au delà de 5 $^o/_o$, et de répartir le surplus entre les sociétaires qui auraient fait des opérations d'escompte et obtenu des avances, au prorata des intérèts payés. Quant aux clients non sociétaires, cette répartition devrait être affectée à la constitution d'une part dans le fonds social par la souscription d'actions (1). Ainsi la coopération nous donnera ce nouveau résultat de former des coopérateurs au moyen des bénéfices matériels qu'elle leur procure, et de conduire à la possession graduelle

----

(1). De la répartition des bénéfices dans une Banque populaire. — Menton, Imprimerie Coopérative, 1895.

du capital, grâce à des économies que l'on n'aurait jamais pu réaliser sans elle.

En Belgique, ce système a été adopté depuis plusieurs années (1), et nous en avons vu une application toute récente en Italie à la Banque populaire de Conegliano (2). Il constitue à notre avis un des traits les plus marquants de la coopération de crédit, car il permet de rémunérer équitablement le capital-argent, le capital-intelligence et le capital-travail, en donnant, en ce qui concerne ce dernier, aux sociétaires la possibilité d'obtenir le crédit à son véritable taux de revient.

Tels sont, sommairement exposés, les caractères spéciaux des banques populaires, et il était nécessaire de les signaler avant d'arriver à parler de leur utilité.

---

(1) — La Banque populaire de Liège a restitué pour l'exercice 1896 4 % à ses sociétaires.

(2) — La ristourne opérée par la Banque populaire de Conegliano pour le dernier exercice, pendant lequel ce mode de répartition a été appliqué, pour la première fois, a été de 2. 38 %.

V.

Utilité des banques populaires

Nous avons dit en débutant que certains esprits ont essayé et essayent encore de contester l'utilité des banques populaires en France. Ils appuyent surtout leurs allégations sur les insuccès du passé, et se gardent bien de dire à quoi ces insuccès ont été dus. D'autres s'empressent de proclamer qu'en fait de crédit populaire en France tout est pour le mieux dans le meilleur des mondes ; le crédit court les rues, aveugle qui ne le voit pas, insensé qui ne sait en profiter. A leur avis les banques populaires ont pu rendre des services à d'autres peuples, mais elles sont inutiles en France.

Nous touchons ici à une question délicate, d'une haute portée économique et sociale : la situation des travailleurs en présence de l'organisation actuelle du crédit.

Nul ne conteste qu'il y ait en France des capitaux considérables, et c'est un fait avéré que dans le dernier quart de ce siècle l'épargne s'y est puissamment développée. Pour nous en convaincre, il n'y a qu'à consulter les statistiques des dépôts des caisses d'épargne, qui de 400 millions en 1864 dépassent, à l'heure actuelle, 3 milliards et demi. Quant aux valeurs mobilières, dont le nombre était insignifiant au commencement du siècle, on sait qu'elles s'élèvent à l'heure actuelle à plus de 80 milliards.

En ajoutant à ces chiffres le montant des dépôts dans les banques, on obtient un total énorme de capitaux liquides, pouvant circuler.

Mais avec l'accroissement constant des capitaux, il s'est produit un phénomène très curieux : l'affaiblissement de la puissance du capital circulant par la concentration.

Il est évident que pour assurer un mouvement normal et productif des capitaux, il faut, au fur et à mesure que ces capitaux s'accroissent, trouver des organismes aptes à les déverser utilement dans la circulation, et à les mettre, avant de les laisser s'expatrier, à la portée des intelligences et des activités nationales. Les progrès réalisés, en ce qui concerne la création de ces organismes de saine distribution des capitaux, ont-ils été dans cette même période à la hauteur de leur merveilleuse multiplication ?

Nous en doutons fort, et en ce qui nous concerne la preuve nous en est fournie par deux faits frappants:

1° l'absence de tout crédit agricole, jusqu'à ces dernières années, dans un pays où l'agriculture est appelée à jouer un rôle si considérable ;

2° la situation, si critique en général, du petit commerce, de la petite industrie, de tant d'artisans, travailleurs de toute sorte, qui est due en bonne partie à un crédit insuffisant, et plus souvent encore à l'état de rêve.

Et je n'exagère pas. Nombreux sont les intéressés qui pourraient appuyer mon dire et le corroborer par des exemples d'humiliations pénibles, d'usures éhontées, de privations douloureuses. Que les sceptiques consultent les statistiques des Monts-de-Piété, ils y trouveront la démonstration la meilleure de la véracité de ce que j'avance. Pour ne citer que Paris, pendant le dernier exercice, les quatre cinquièmes des emprunteurs appartiennent à la catégorie des commerçants, des ouvriers, des employés, la clientèle que l'on trouve la plus nombreuse dans les banques populaires. Il doit en être approximativement de même pour les autres villes. Or, dans un pays où une si grande partie de la clientèle des Monts-de-Piété appartient aux classes sociales qui constituent la majorité des membres des sociétés de crédit populaire de l'étranger, comment pourrait-on prétendre que les banques populaires ne sont pas utiles ?

La concentration des capitaux devait amener naturellement la concentration du crédit. Ce sont surtout les grandes industries, les gros commerçants qui ont profité de cette transformation, tandis que

les petits industriels, les petits commerçants voyaient leur situation empirer
par un ensemble de circonstances, parmi
lesquelles le manque d'un crédit bien
adapté à leurs besoins, d'un crédit vivifiant,
sûr. Le banquier local, qui jadis donnait
quelque appui, tend graduellement à s'éclipser ; il est entraîné à son tour dans le gouffre
centralisateur ; les capitaux les plus modestes, les plus petits se transforment en
livrets de caisse d'épargne, en valeurs
mobilières, ils désertent les localités où
ils se sont formés ; les ressources locales
se dépaysent ; cette mutualité primordiale
que l'on trouvait jadis surtout dans les
petites localités, et qui consistait en services d'argent que l'on se rendait entre
amis se connaissant bien, a disparu, de
sorte que pour les petits il ne reste pas
grand chose comme ressources, tandis
que les besoins, les difficultés ont considérablement augmenté.

Il ne faut pas croire que par le fait de
l'avènement de la grande industrie, les
petits commerçants, les petits industriels

soient obligés de disparaître graduellement pour se transformer en salariés. Il est des professions, des commerces, des industries locales que l'on ne peut pas détruire, et, quoique l'on en dise, ces intermédiaires sont encore utiles.

Examinons de près leur situation.

Les petits commerçants, épiciers, boulangers, bouchers, tailleurs, cordonniers, chapeliers ; les artisans, serruriers, maçons, menuisiers qui s'établissent à leur compte, n'ont en général pour débuter que de faibles ressources. Comme dans toute entreprise commerciale, il leur faut deux sortes de capitaux : le capital fixe qui comprend le matériel, l'installation, les outils, et le capital de circulation pour l'achat des marchandises et les besoins de chaque jour. Un grand nombre de ces travailleurs ne possèdent en général pour commencer qu'une part du premier ; ils sont donc obligés de débuter en traînant derrière eux une charge, et, d'en contracter de nouvelles pour se procurer les marchandises, les matières premières, etc.

Le crédit sous ce rapport n'est en général pas difficile; dans certains cas il est même trop facile, car il pousse aux achats, et par conséquent à l'endettement et aux difficultés sans fin, lorsque les échéances arrivent et que l'on a en magasin beaucoup de marchandises et dans le tiroir peu d'argent. Cela engage aussi à étendre la vente, à accorder des crédits irréfléchis, de sorte que les pertes finissent à un moment donné par absorber les bénéfices, et au delà.

Il faut aussi considérer que dans toutes les branches de l'activité humaine la concurrence, le *struggle for life* prennent chaque jour plus d'intensité, et que si les capitaux ont augmenté, le taux des revenus a subi un mouvement inverse, obligeant chacun à chercher avec une dépense moindre une somme au moins égale de bien-être.

La situation des petits commerçants ne pouvait que se ressentir de ce nouvel état de choses. C'est une transformation qui s'opère. Il leur faut se contenter de bénéfices plus réduits ; pour se tirer d'affaire, il leur faut acheter dans de meilleures conditions, et pour cela il faut de l'argent.

Il est vrai, comme je l'ai exposé plus haut, que le petit commerçant peut obtenir du crédit par ses fournisseurs. Mais ce n'est pas ce crédit là qu'il lui faut. Pour qu'il puisse opérer avantageusement, il a besoin d'une certaine indépendance, il doit pouvoir choisir, changer au besoin ses fournisseurs. Comment le pourrait-il tant qu'il reste leur débiteur ?

C'est donc un crédit personnel, un crédit de production qu'il faut offrir aux petits commerçants par des institutions comme les banques populaires. qui sont un instrument à la fois économique et éducatif, qui ne distribuent pas un crédit stérilisant, qui ne poussent pas à l'endettement, mais qui pratiquent le crédit intel ligent, prévoyant, fécondateur.

La banque populaire leur donnera aussi la possibilité de négocier les effets dont ils pourraient être porteurs, et qui n'arrivent en général dans les banques que par le canal de l'usurier qui les endosse. Cela se comprend. Les maisons de banque ne sont pas friandes de ce papier à mine douteuse, elles n'ont pas le loisir de suivre la petite clientèle de laquelle il émane. Il pourra pénétrer à son tour chez elles, et sans être assujetti à des droits protecteurs, le jour où il aura passé par le crible de la banque populaire qui l'aura revêtu de son endos.

J'ai dit que c'est surtout le crédit personnel qu'il convient d'organiser au profit du petit commerce et des travailleurs. Il nous faut réaliser au profit de la démocratie laborieuse, et par la coopération, ce que les banques d'Écosse ont obtenu depuis un siècle et demi par la pratique du " Cash Credit " ou crédit en compte-courant, qui a si puissamment aidé au développement et à la prospérité de l'Écosse et a permis à des humbles travailleurs de s'élever à la fortune.

Nous avons vu que les banques populaires sont essentiellement des associations de personnes, et que l'on n'y admet que ceux dont la situation paraît justifier l'aide qu'ils pourront avoir à demander.

Ce sont des familles élargies où chacun se connait et instinctivement se contrôle. Nul n'est à même de peser, de fixer aussi exactement le crédit du travailleur que le travailleur lui-même.

Les sociétaires peuvent toujours obtenir de la banque sur leurs signatures un crédit égal à la valeur des actions souscrites. Pour des sommes supérieures la banque peut exiger des garanties complémentaires, telles que cautions, cessions, etc. Lorsqu'un homme est honnête et assidu à son travail, il ne lui est pas difficile de trouver un répondant, et la caution, l'aval ainsi pratiqués, sous l'égide de la coopération, sont des manifestations touchantes de solidarité humaine.

Tout en trouvant à la banque populaire le petit capital d'exploitation qui lui permettra de faire ses achats dans de bonnes conditions, de ne pas tracasser à chaque instant sa clientèle pour l'encaissement des factures, le petit commerçant pourra mobiliser certaines de ses créances par des traites qu'il remettra à la banque.

L'éducation commerciale se fait naturellement à la banque populaire, dont le directeur devient presque le conseiller des sociétaires.

En ce qui nous concerne, nous constatons que l'usage des réglements par traites s'est étendu autour de nous depuis que nous avons fondé la Banque populaire de Menton. Par la mobilisation d'une partie de leurs créances, certains de nos sociétaires en sont arrivés à développer considérablement leurs affaires et à accroître leurs bénéfices; d'autre part il y a un avantage considérable à régler fréquemment les comptes avec sa clientèle, cela évite les contestations futures et rend en même temps service aux débiteurs, dont les goûts de dépense sont souvent bridés par le souvenir d'une échéance prochaine. Ce mode de règlement a permis plus d'une fois de faire rentrer, avec du temps et moyennant des acomptes versés à chaque échéance, des créances considérées comme irrécouvrables.

Mais pour se pénétrer de l'utilité des banques populaires, il faudrait pouvoir saisir sur le vif, au moment où ils se produisent, les services qu'elles rendent.

M. d'Andrimont, l'éminent président de la Fédération belge des banques populaires, a raconté que la première opération de la Banque populaire de Liège fut d'avancer 100 francs à un boulanger pour acheter une charrette destinée à porter son pain. Avant cet achat, la location de la charrette lui coûtait 30 centimes par jour, soit 9 francs par mois, 108 francs par an. A la fin de l'année, le boulanger avait économisé le prix d'achat de sa charrette et remboursé la banque.

Une autre opération du même genre fut celle d'avancer 500 francs à un cordonnier qui achetait du cuir à crédit et le payait cher, sans l'avoir toujours de bonne qualité. Grâce à l'avance qui lui fut faite, il put acheter son cuir au comptant avec une forte remise et en choisissant de la marchandise de première qualité. Sa clientèle s'aperçut de l'amélioration de ses produits et son industrie prit de l'extension. En moins d'un an il avait remboursé la banque.

Voici un menuisier qui a acheté du bois pour une entreprise ; il a demandé six mois de temps, croyant qu'à cette époque les travaux seraient achevés et qu'il en aurait touché le montant pour régler. Un retard s'est produit, la traite arrive, il n'a pas de fonds; il lui faudrait, si la banque populaire n'existait pas, laisser protester la valeur, compromettre son crédit, ou bien passer sous les fourches caudines d'un usurier. Il se présente à la banque dont il est membre, qui est au courant de sa situation et connaît ses créances. Elle intervient pour faire l'avance des fonds en attendant l'achèvement des travaux et leur règlement.

Un entrepreneur maçon a en vue un travail qu'il estime rémunérateur. Le propriétaire est solvable, les prix sont bons, mais les paiements sont espacés, et il faut faire quelques avances. Où trouver, en attendant, les fonds pour acheter les matériaux et anticiper les frais de main-d'œuvre? Notre maçon n'est pas connu, et il serait obligé de renoncer à cette affaire, qui pourra être le point de départ d'un meilleur avenir, si la banque populaire dont il fait partie, qui connait ses aptitudes, n'intervenait pas pour l'aider par un peu de crédit.

Un artisan veut s'établir, il n'est pas connu, et n'a pas tout l'argent nécessaire pour acheter ses outils : la banque populaire lui vient en aide et permet son élévation de la situation d'ouvrier à celle de patron.

Un jeune homme trouve un bon emploi, mais on demande un cautionnement. Les parents ne peuvent pas distraire de leurs affaires toute la somme : ils s'adressent à la banque populaire qui, suivant leur situation et leur moralité, fera l'avance de la différence. Le jeune homme obtiendra l'emploi désiré, et remboursera peu à peu la banque par des économies prélevées sur ses appointements.

Nous pourrions multiplier ces exemples à l'infini, une expérience de quinze ans nous ayant appris tout l'appui que les banques populaires peuvent prêter à ceux que le travail n'effraye pas et qu'anime le désir d'améliorer leur sort.

Ceci pour les avances qui constituent l'opération la plus importante des banques populaires.

Mais ces institutions sont en même temps des écoles où le sociétaire se perfectionne dans la pratique des affaires: elles l'habituent à la régularité, à l'ordre, au respect des engagements, elles achèvent son éducation économique.

Le travailleur petit à petit se transforme. Autrefois il conservait dans son tiroir sa recette quotidienne improductive, exposée à ses propres tentations et à celles de son entourage. La banque populaire lui apprend qu'aucune somme, si minime soit-elle, ne doit demeurer infructueuse, et qu'il faut assurer soi-même contre son imprévoyance. Elle conseille, elle explique l'utilité du compte-courant. La recette quotidienne sera versée chaque soir à la banque populaire qui accepte les plus petits versements, elle sera inscrite sur un carnet qui servira de contrôle au titulaire, et la banque deviendra petit à petit son caissier, son comptable.

Ces petits versements porteront intérêt, ce sera à la fin de l'année une petite ressource de plus jointe à la sécurité obtenue, une sorte de prime à l'ordre, à la prévoyance. Mais le plus grand profit résultera de ce que les sociétaires pourront concentrer dans leur compte avec la banque toutes leurs opérations. Ainsi, pour le montant de leurs achats au comptant, ils pourront remettre des chèques à leurs fournisseurs, ou faire domicilier les traites à la banque. Ce service de caisse fait gratuitement sera on ne peut plus utile par l'économie de temps dont profitent les sociétaires obligés de vaquer à leurs affaires, et par le mode de contrôle qu'il offre dans les cas de contestation, perte d'une valeur, double emploi, etc. Encaissements et paiements, tout devrait se faire, autant que possible, par l'intermédiaire de la banque. Les sociétaires ne devraient garder chez eux ni argent, ni valeurs.

Nous avons ainsi esquissé les deux principales branches de l'activité d'une banque populaire, les opérations d'avances et d'escompte et les comptes-courants : chacun a pu saisir quels services peuvent rendre ces modestes associations au double point de vue économique et éducatif.

Examinons-les maintenant au point de vue de la décentralisation de l'épargne.

VI.

La décentralisation de l'épargne
par les banques populaires

Ainsi comprises, les banques populaires, par la bonté de leurs principes, par la sagesse de leur administration quasi-familiale, par le contrôle incessant qui s'exerce de sociétaire à sociétaire, par la fréquence des rapports qui s'établissent entre elles et leurs membres, ne tardent pas à inspirer confiance au public. Et nous assistons à ce phénomène intéressant que le faisceau des honnêtetés, des activités, des intelligences remplace la garantie des millions.

Le public comprend qu'il peut en sécurité leur apporter une partie de ses économies, et là commence la véritable éducation décentralisatrice de l'épargne populaire. La banque populaire revêt le caractère de la caisse d'épargne perfectionnée, comme l'a si souvent proclamé le grand maître de la coopération de crédit italienne, Luigi Luzzatti. La banque populaire enseigne au public cette maxime si vraie, et que l'on ne saurait assez répéter dans ce pays si centraliste, que l'épargne locale doit rester dans les localités qui l'ont produite pour en alimenter l'activité, pour en augmenter les ressources.

Lorsque l'on songe aux trois milliards et demi d'épargne populaire enfouis dans les caisses d'épargne françaises, soustraits à la saine circulation financière, appauvrissant, anémiant les régions qui les ont laborieusement amassés ; lorsque nous contemplons au delà des frontières tout ce qu'a enfanté d'utile, de merveilleux cette épargne populaire qui par les caisses d'épargne et par les sociétés coopératives de crédit alimente

tant d'activités, engendre tant de progrès ;
lorsque nous songeons à la situation précaire, en fait de crédit, de nos travailleurs,
nous ne pouvons que constater pénible-
ment notre infériorité, et les vrais patriotes
sentent le besoin de rattraper le temps
perdu et de marcher en cette voie sur les
traces des autres peuples.

Y a-t-il, Messieurs, un problème plus
urgent que celui de la décentralisation de
l'épargne, de sa mise à la portée des
travailleurs, du rapprochement fécond de
la prévoyance qui épargne avec l'intelli-
gence qui agit en vue de l'amélioration du
sort des travailleurs, de la multiplication
de la richesse et du progrès social ?

Dix années se sont déjà écoulées depuis que le champion de cette cause,
mon ami, Eugène Rostand, a entrepris
l'énergique campagne qui a abouti en 1895
à la modification de la législation des caisses
d'épargne, à l'élargissement de la charte des
emplois, à l'introduction du salutaire principe du libre placement partiel et réglé pour
les fortunes personnelles des caisses et pour

leur revenu, progrès notable dans un pays habitué au régime étatiste. Mais cela ne suffit pas. Les transformations de cette nature ne peuvent pas être l'œuvre exclusive du législateur : elles sont le résultat de l'éducation, de la pratique. Permettre le libre emploi, c'est quelque chose. Amener la conviction, faire l'apprentissage, former des hommes qui comprendront et appliqueront le libre emploi, c'est tout.

Cette éducation, cette pratique, nous la réalisons par les banques populaires. Une portion des économies locales se dirigent petit à petit dans leurs caisses, des hommes de bien n'hésitent pas à les administrer. Ces hommes deviennent autant de défenseurs, autant de réalisateurs de cette réforme si désirable.

On a souvent discuté sur l'utilité des banques populaires, sur l'opportunité de les introduire en France. Eh bien, j'estime, et je voudrais que le Congrès partageât mon avis, que le besoin de ces institutions ne se fait nulle part plus sentir qu'en France. L'intérêt économique, et l'intérêt national, pourrais-je dire, commandent cette réforme, et les banques populaires sont les instruments qui peuvent nous permettre de pratiquement la réaliser.

Pour poursuivre ce but, nous offrons au public des services où nous recevons les embryons de l'épargne, et lorsque l'époque du paiement des dividendes arrive, nous conseillons à nos sociétaires d'en affecter une portion à l'ouverture de livrets d'épargne au profit de leurs enfants. Devenus grands, ces néophytes de la liberté d'emploi n'iront pas demander la sécurité de leurs économies aux emplois d'État. Ils s'étonneront peut-être que leurs devanciers aient tant résisté à ce courant de progrès que d'autres peuples ont mis en pratique depuis le siècle dernier. Ceux-là ne décrieront pas les banques populaires, qui auront marqué dans l'histoire la date décisive de la transformation des idées en cette matière.

Les banques populaires offrent encore un mode de placement fort apprécié par le public, celui des bons à échéances fixes, qui sont la contre-partie la plus sûre des crédits de production, des crédits personnels, et des opérations de crédit agricole, laissez-moi l'ajouter, car quoique mon sujet ne touche pas à l'agriculture, je ne saurais oublier de diriger une pensée sympathique vers cette maternelle source de la richesse et de la puissance des peuples.

M. Luzzatti, visitant en 1890 la Banque populaire de Menton, baptisait ces dépôts du titre expressif de Bons du Trésor de l'Agriculture — et du Travail, ajouterai-je.

Et il y a plus. Le contact des hommes de bien qui siègent dans les conseils d'administration de nos banques stimule leurs idées; de nouvelles combinaisons s'élaborent, s'appliquent. La coopération de crédit aspire de plus en plus à descendre; elle s'est préoccupée des travailleurs dans un des moments les plus critiques de leur existence, le paiement du loyer (1).

Le loyer, on y songe peu en général; le travailleur repousse quelquefois de sa pensée cette échéance fatale, il est plus facilement attiré par le plaisir; il lutte, mais souvent il cède à la tentation. Quelques francs sont vite dépensés, qui accumulés courageusement formeraient le montant de la fatale échéance.

Il s'agissait d'offrir aux travailleurs le moyen de vaincre ces tentations, de les attacher à l'épargne, de leur rendre plus attrayantes les joies pures et durables du foyer. Ce moyen est trouvé, on a imaginé un service spécial dit « l'Épargne du loyer. » Les travailleurs sont admis à y verser leurs plus petites économies ; on leur accorde un intérêt de faveur, des primes mêmes ; mais ils s'obligent à ne toucher à ces dépôts que le jour de l'échéance des termes de loyer, qu'ils indiquent eux-mêmes à l'avance. Quelle haute portée

____

(1) — La Caisse agricole de Castellar vient d'inaugurer et d'appliquer une combinaison ingénieuse d'épargne, l'*Épargne de la Contribution*, ayant pour but de permettre à ses membres de mettre en réserve par de tout petits versements le montant de leurs contributions. Il est alloué aux déposants une prime de 0.25 par dix fr. versés.

sociale ne revêt-elle pas cette modeste institution de l'Épargne du loyer! Les livrets
sont conservés précieusement par les mé-
nages populaires, et c'est avec une noble
fierté que le samedi l'artisan passe dédai-
gneux devant le cabaret qui l'attirait jadis,
et le front haut, franchit le seuil de la
banque populaire pour y emprisonner
cette épargne deux fois bénie.

Et ce n'est pas tout. Les banques populaires mettent en garde les économies
contre les dangers si nombreux qui les
guettent sous les apparences les plus sédui-
santes et les plus fallacieuses. Au Congrès
de Toulouse, en 1893, j'ai raconté en détail
ces dangers, et j'ai démontré combien nos
banques étaient encore sous ce rapport
utiles (1).

Il y a des gens qui épargnent, mais qui
ne savent pas préserver leurs épargnes.
Combien d'économies ne sont-elles pas
englouties chaque année ! Il y a entre autres

____

(1). *Le drainage de l'épargne et les banques populaires.* — Actes du Ve Congrès du Crédit populaire, Toulouse 1893, p. 257. Paris, Guillaumin et Ce, 14, rue Richelieu.

un système qui a fait et fera encore de nombreuses dupes. C'est la vente de titres payables par à-comptes mensuels. Des maisons établies dans la capitale lancent sur tous les points de la France, même dans les plus petits villages, des agents qui placent des titres à raison de 50 à 75 %, de plus de leur valeur réelle. On fait un premier versement, et le solde est payable par fractions mensuelles. Il arrive quelquefois qu'après avoir effectué maints versements, un beau jour on n'entend plus parler de rien. On écrit, on se renseigne. La maison n'existe plus. Tout est perdu.

A ce danger, entre autres, nous venons d'obvier par la création d'un service de vente, au cours exact de la Bourse, de titres payables par à-comptes mensuels, et donnant de suite droit à tous les avantages que ces titres comportent. L'acheteur ne paie en plus que les intérêts de retard sur les versements différés. Nous estimons avoir par ce moyen rendu un service sérieux à la petite épargne.

VII.

L'aide des banques populaires aux travailleurs dans les moments difficiles et leur concours à la bienfaisance.

Mais dans l'existence populaire, dans la vie des ouvriers, il y a aussi les jours sombres, maladie, revers, chômage involontaire, etc.

Les banques populaires, après avoir rempli leur mission de distributrices du crédit, de collecteurs des épargnes, après avoir été une école de prévoyance et de progrès, se complètent par le rôle le plus noble, le plus élevé : celui de venir en aide, par des appuis qui soulagent sans humilier, aux travailleurs que le sort accable.

Comment cela, me direz-vous ? Par le couronnement du crédit personnel, par le *prêt à l'honneur*. Car c'est encore une vertu de la coopération de ne jamais oublier ceux qui souffrent, ceux qui ne pliant pas sous le fardeau de l'adversité, songent à se relever.

Chaque gradation de pauvreté, a écrit Luzzatti, trouve sa place dans les institutions coopératives. Les travailleurs y puisent le crédit nécessaire à leurs entreprises, les déshérités y obtiennent le prêt sur l'honneur, nouvelle et vigoureuse branche qui se greffe sur l'arbre de la mutualité. L'institution du prêt à l'honneur a une haute portée économique et sociale. Elle apprend le chemin de la banque populaire. Elle en est pour ainsi dire le vestibule.

Le mécanisme de ce service est aussi intéressant que varié. En Italie, nous l'avons vu confié à des comités dont font partie des présidents de sociétés de secours mutuels, et même des ouvriers. Les prêts sont accordés pour des sommes ne dépassant guère 200 fr., et peuvent être remboursés par de petits versements hebdomadaires. L'intérêt perçu est minime. Des fonds de réserve spéciaux sont ins-

titués pour couvrir les pertes qui, hâtons-
nous de le dire, sont minimes, et ne
proviennent en général que de circonstances indépendantes de la volonté des
débiteurs.

Ces prêts ont une portée encore plus
large. Ils sont aussi accordés pour encourager de petites industries naissantes,
nous l'avons vu entre autres à Bologne et à
Lodi. Dans cette dernière ville la Banque
populaire a greffé sur ces prêts un service de
vente de machines à coudre à des ouvrières
contre versement d'un premier à-compte de
10 fr.,et le solde à raison de 5 fr. par mois.

Après avoir répondu à tous les besoins
de la démocratie laborieuse et honnête,
les banques populaires complètent leur
œuvre en instituant des caisses de prévoyance en faveur de leurs employés et
en affectant chaque année une portion de
leurs bénéfices à des institutions de bienfaisance ou d'utilité locales. Nous avons
pu constater lors de notre mission en
Italie que des sommes non indifférentes
étaient distribuées à des asiles infantiles, à

des congrégations de charité, à des comités pour habiller des enfants pauvres, à des œuvres de protection de l'enfance abandonnée, etc., etc.

La statistique des banques populaires d'Italie pour l'exercice 1893 nous apprend que 132 banques avaient prélevé sur leurs bénéfices de l'année 107.530 l. en faveur d'œuvres de bienfaisance.

A côté de petites banques n'ayant pu apporter qu'une modeste obole, nous trouvons des banques puissantes ayant donné des sommes considérables : Bologne 7.000 l.; Brescia 6.500 l.; Crémone 7.400 l.; Merate 9.400 l.; Milan 10.000 l.; Bergame 16.000 l.; touchant spectacle de solidarité dans la souffrance.

Et maintenant que nous avons parcouru ensemble le domaine de l'activité des banques populaires, les principaux services qu'elles savent rendre au peuple qui travaille et épargne, examinons un instant quelle est notre situation.

VIII.

Notre situation actuelle.
Les banques populaires sont le complément indispensable des banques ordinaires.

En fait d'associations coopératives de crédit, presque rien n'existait jusqu'en 1883. C'est depuis cette époque qu'ont eu lieu de premières applications de l'idée avec une orientation meilleure ; des banques populaires se sont fondées à la suite de nos congrès à Marseille, à Nice, à Cognac, à Toulouse, à Antibes, sans compter le nombre déjà très grand d'associations de crédit agricole semées sur presque tous les points du territoire. Ces institutions démontrent que dans notre organisation financière il manque un organisme s'adaptant aux besoins des petits et servant d'intermédiaire entre eux et les banques plus importantes. Il ne faut pas que l'on croie que les banques populaires et les caisses agricoles soient des concurrentes pour les autres maisons de banque ; loin de là, elles n'en sont que le complément indispensable, car elles pénètrent dans des milieux où ces dernières ne peuvent arriver, et en mettant en valeur des intelligences et des énergies latentes, elles peuvent même leur fournir une source nouvelle d'activité. Ce qui prouve l'exactitude de mon assertion, c'est le fait que les quelques banques populaires actuellement existant en France entretiennent d'excellentes relations avec les autres établissements de crédit, dont certains réescomptent leur portefeuille. En ce qui nous concerne, nous avons l'honneur d'être les correspondants d'un grand nombre de maisons de banque et de sociétés financières, parmi lesquelles le Comptoir National d'Escompte et la Société Générale.

En Italie, les banques populaires font excellent ménage avec les autres institutions. A Padoue, où existe un nombre important de maisons de banque et succursales de sociétés de crédit, la Banque

populaire voit sa clientèle spéciale s'accroître d'année en année, et il se produit
entre ces institutions une concurrence
dans le progrès dont bénéficient leurs
clients. A Bologne, nous avons constaté
un fait encore plus caractéristique. A côté
de nombreuses sociétés financières et
établissements de banque, fonctionne avec
un succès toujours croissant la Banque
Populaire, une des plus fortes et des mieux
ordonnées de l'Europe. En 1881, une nouvelle banque y fut créée sous la dénomi-
nation de « Banque Coopérative pour les
ouvriers et la petite industrie », dans le
but de démocratiser encore plus le crédit,
d'étendre, comme cela est dit dans les
statuts, ses bienfaits aux petits industriels,
aux petits commerçants, artisans et employés. Non seulement la Banque Populaire n'en a pas été offusquée ; mais elle a
aidé cette sœur cadette à naître en sous-
crivant 50 actions, maximum consenti par
les statuts, et elle n'a cessé de la secon-
der, de l'encourager par le réescompte.

Ce serait donc une profonde erreur que
de penser que les associations coopé-

ratives de crédit sont des concurrentes pour les autres banques. Elles n'en sont que le complément, car elles s'adressent à une clientèle spéciale, mettent en évidence des activités nouvelles, et peuvent, nous le répétons, devenir pour elles d'utiles auxiliaires. Ce sont des organismes nouveaux qui répondent à des besoins nouveaux.

IX.

Conclusion

Il me semble qu'il serait inutile d'insister davantage sur l'utilité des banques populaires au profit non seulement du petit commerce, mais de toute la démocratie laborieuse. Nous compléterons cette démonstration par quelques chiffres qui, en pareils cas, ont plus éloquents que n'importe quel raisonnement.

Nous les empruntons aux dernières

statistiques des banques populaires de l'Allemagne et de l'Italie.

Au 31 mai 1896, il existait en Allemagne 8069 sociétés de crédit populaire groupées en 17 fédérations. La Fédération Schulze-Delitzsch comprenait 1496 sociétés dont 1068 avaient envoyé leurs comptes. Ces 1068 sociétés comptaient ensemble 525.748 membres, parmi lesquels 25 % sont des artisans. Leur patrimoine était de 204.354.900 fr., et les dépôts s'élevaient à 583.903.801 fr., leurs opérations d'escompte et d'avances approchaient de 2 milliards de francs, et ce sont pour la plus grande partie les classes laborieuses qui en ont profité.

En Italie, à la fin de 1894, date de la dernière statistique officielle, il existait 720 banques populaires avec 368.119 sociétaires, parmi lesquels 92.963 petits industriels et commerçants, 29.864 ouvriers, 69.423 employés. Les petits commerçants, et les petits industriels forment à eux seuls le quart de la clientèle. 642 banques sur 730 ont envoyé leurs comptes. Elles possèdent un patrimoine de 119 millions et des dépôts pour 372 millions; leur mouvement total d'affaires pendant l'année a été de près de 12 milliards et demi; elles avaient fait des avances et escompté des effets pour plus de 297 millions, avec une moyenne de 361 l. pour les avances et de 538 l. pour les escomptes, ce qui marque bien leur caractère éminemment populaire.

En examinant la nature des opérations d'escompte et d'avances des deux sociétés de crédit populaire de Bologne que nous avons citées, nous constatons que sur 42,825 effets pour 30.492.731 l. escomptés en 1896 par la Banque Populaire, 20.502 effets pour 9.441.636 l. ont été présentés par 7253 petits commerçants, et 3609 pour 730.355 l. par 3682 ouvriers.

La petite Banque Coopérative des ouvriers et de la petite industrie a accordé pendant la même année 14.472 avances pour 1.668.905 l. et escompté 700 effets pour 135.496 l. Sur les 2.225 avances nouvelles consenties pendant l'exercice, 296 pour

84.525 l. ont profité à des petits commerçants, et 1.132 pour l. 177.525 à des ouvriers. On sait que cette dernière banque s'adresse surtout aux classes les plus humbles qui n'offrent comme garantie que la moralité et le travail.

La Banque Populaire de Crémone, une des plus importantes et des mieux comprises de l'Italie, comptait au 1er janvier 1897 sur 6321 sociétaires, 2.393 petits industriels et petits commerçants, 410 ouvriers, 765 employés, instituteurs et divers. Le nombre des effets escomptés en 1896 a été de 9.065 pour un total de l. 9.489.492, dont 3.491 pour l. 2.782.440 à de petits industriels et commerçants, et ˙3.444 pour l. 3.361.545 à de petits agriculteurs.

La Banque Populaire de Padoue, une des meilleures et des plus anciennes, fondée par Luzzatti lui-même, compte sur 4.056 sociétaires 1.005 petits industriels et commerçants, 321 ouvriers, 1.089 employés, maîtres d'école, etc.

Nos hôtes de Belgique nous diront que dans leurs banques populaires si intéressantes les petits commerçants, les industriels, les artisans abondent.

Au 31 décembre 1895, parmi les 2.486 sociétaires de la Banque Populaire de Liège, la plus ancienne, il y avait 331 employés, 273 négociants, 147 armuriers, 84 tailleurs d'habits, 54 cordonniers, 53 menuisiers, 44 ébénistes, 41 mécaniciens, 40 entrepreneurs 39 bouchers, 38 petits fabricants, 31 serruriers, etc., etc.

La Banque Populaire de Gand, une des premières fondées en Belgique, se compose de 1786 sociétaires qui sont presque en totalité de petits commerçants. Pendant l'année dernière elle avait mis à leur disposition, soit par des opérations d'escompte, soit par des avances, 27.860.000 fr.

Il n'a pas encore été possible de dresser une statistique des banques populaires françaises ; mais il n'est pas douteux que leur clientèle se compose pour la plus grande partie de petits commerçants, industriels et artisans, et que ce sont eux qui bénéficient surtout du crédit qu'elles distribuent.

Pour ne citer que la Banque populaire de Menton, que j'ai l'honneur de diriger, sur 449 sociétaires, plus de la moitié sont de petits commerçants et de petits industriels (1).

---

(1) Au 30 juin 1896, sur 449 sociétaires, il y avait : aubergistes, 3 ; — agent de location, 1 ; — agent d'assurances, 1 ; — agents d'affaires, 2 ; — architectes, 6 ; — avocat, 1 ; — bazars, 2 ; — bijoutiers, 2 ; — blanchisseur, 1 ; — bouchers et charcutiers, 13 ; — boulangers, 6 ; — cafetiers - restaurateurs, 3 ; — camionneurs, 4 ; — capitaine marin, 1 ; — carrier, 1 ; — chapelier, 1 ; — charpentiers, 2 ; — chemisier, 1 ; — cochers et charretiers, 3; — coiffeurs, 7 ; — comestibles, 5 ; — confiseur-pâtissier, 1 ; — cordonniers, 7 ; — charrons et carrossiers, 4 ; — crieur public, 1 ; — débitants de vins, 3; — débitant de tabacs, 1 ; — doreur, 1 ; — ecclésiastiques, 2 ; — électriciens, 3 ; — employés et commis, 18 ; — entrepreneurs, 44 ; — épiciers, 13; — expéditionnaire, 4 ; — faïencier, 1 ; — ferblantiers, 3 ; — fleuristes, 6 ; — fumistes, 2 ; - horlogers, 3 ; — hôteliers, 29 ; — huissier, 1 ; — imprimeurs, 3 ; — instituteur, 1 ; — jardinier, 1 ; — journaliste, 1 ; — laitiers, 5 ; — libraire, 1; — limonadiers, 2 ; — loueur de vélocipèdes, 1; — loueurs de voitures, 3 ; — magasinier, 1 ; — marbriers, 4 ; — maréchaux-ferrants, 2 ; — mécanicien, 1 ; — menuisiers, 5 ; — merciers, 6 ; — miroitier, 1 ; — modistes, 2 ; — négociants, 58 ; — notaires, 2 ; — orfèvre, 1 ; — papiers-peints, 1 ; — pasteur, 1 ; — peintres, 12; — pharmaciens, 3 ; — photographes, 3 ; — pianiste, 1 ; — plâtriers, 2 ; — potiers, 2 ; — propriétaires, 9 ; — quincailliers, 3 ; — rentiers, 30; — repasseuses, 2 ; — représentants de commerce, 3 ; — retraités, 2 ; — robes et manteaux, 2 ; — selliers, 4 ; — serruriers, 7 ; — société protectrice des animaux, 1 ; — sommelier, 1 ; — tailleur de pierres, 1 ; — tailleurs

Sans pousser plus loin cette démonstration déjà trop longue, il nous paraît indiscutable que les banques populaires sont des institutions démocratiques précieuses, qu'elles complètent l'organisation actuelle de la distribution du crédit, qu'elles s'adressent surtout aux modestes commerçants, aux humbles travailleurs, et que par elles s'opèrera cette décentralisation de l'épargne tant désirée par tous les esprits réfléchis.

A côté de leur rôle économique, elles remplissent un rôle éducatif, une mission sociale qui en complète l'action bienfaisante. Elles deviennent des écoles de prévoyance, des facteurs de progrès populaire, des instruments puissants d'union et de paix.

Nous avons dit en débutant à quoi tient notre retard sur d'autres pays en pareille matière. Il faut l'imputer en grande partie aux échecs qui ont rendu l'opi-

---

d'habits, 6 ; — tapissiers. 3 ; — terrassier, 1 ; — tonnelier, 1 ; — vitrier, 1 ; — zingueurs, 2 ; — divers, dont la profession n'est pas bien déterminée, 30. — **Total 449.**

nion sceptique, et ont fini par laisser accréditer la croyance que les banques populaires n'avaient pas de raison d'être en France.

Je me suis efforcé d'exposer les services qu'elles pourraient y rendre, et je ne cesserai de répéter qu'en France, à cause surtout de la trop grande centralisation économique qui y domine, elles sont peut-être plus nécessaires qu'ailleurs.

Celles des nouvelles créations qui sont sainement orientées donnent de bons résultats. Certes il y a là une œuvre difficile et de longue haleine; il s'agit de modifier des idées enracinées, d'éveiller des initiatives, d'exciter les sentiments de la responsabilité et de la solidarité, de rapprocher des hommes d'opinions, de croyances, de situations sociales diverses, de vaincre des préjugés; mais ces difficultés marquent l'utilité du but à réaliser, et ne procureront que plus de satisfaction aux hommes qui se dévouent à cette cause de mieux-être populaire.

Démocratiser le crédit, — capitaliser

l'honnêteté, les aptitudes professionnelles, — rapprocher les classes supérieures de la démocratie laborieuse, — assurer une saine circulation des capitaux et une équitable répartition du crédit, — contribuer au développement de tout ce qui touche au progrès social, à la diffusion de toutes ces institutions qu'a ébauchées la fin de ce siècle et qui éclaireront de leur vive lumière l'aurore du siècle qui va s'ouvrir, c'est croyons-nous faire œuvre utile, patriotique, c'est coopérer à la prospérité et à la grandeur de la France.

32